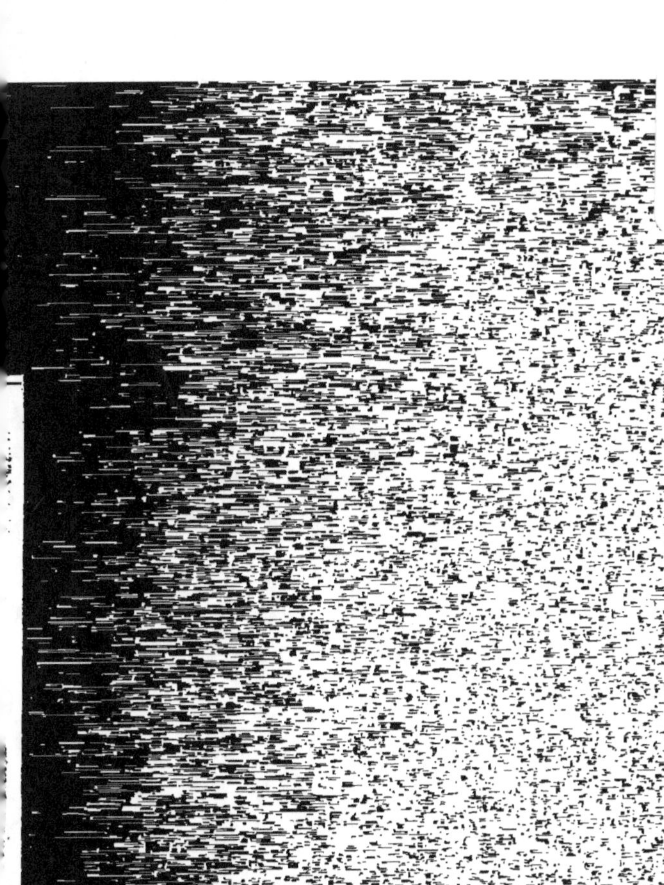

AF267191

J. PRUGNON

AVOCAT,

DÉPUTÉ DE NANCY A L'ASSEMBLÉE NATIONALE, DÉFENSEUR DES
NAUFRAGÉS DE CALAIS

ÉTUDE BIOGRAPHIQUE

Par M. PAILLART

Docteur en Droit
Premier Président honoraire de la Cour impériale
Membre de l'Académie de Stanislas
Correspondant de la Société impériale des sciences, belles-lettres et arts
de Rouen.

NANCY

Ve RAYBOIS, IMPRIMEUR DE L'ACADÉMIE DE STANISLAS

Rue du faubourg Stanislas, 3

1866

(Extrait des Mémoires de l'Académie de Stanislas 1865.)

NANCY, imprimerie de Ve RAYBOIS, rue du faub. Stanislas, 5.

J. PRUGNON

Avocat, député de Nancy à l'Assemblée nationale, défenseur
des naufragés de Calais

ÉTUDE BIOGRAPHIQUE

———

Messieurs,

Un grand nombre d'hommes de l'époque révolution—
naire, de ceux-là même dont la conduite avait été réglée
par des principes d'ordre et de modération relative, ont
manqué leur maturité ou leur vieillesse, soit que des
luttes trop vives aient épuisé leur vigueur ou que la
crainte ait prématurément fatigué leur vaillance, soit que
l'épidémie de la corruption dans la force, sans même
atteindre le fond de leur caractère, en ait effleuré la
surface ou bien que l'idée morale, tout en restant nette
et précise pour la direction politique, se soit obscurcie
pour les détails privés, au milieu de ces tempêtes san—
glantes. Chez la plupart de ces hommes, la pensée de
Dieu et de la Providence, même quand ils l'ont respec—

tée (et le simple respect eut durant plusieurs années tout le mérite du courage), était reléguée trop loin des affaires humaines. Alors notre faiblesse native, sans appui, sans résistance, sans espoir de l'avenir, tour à tour attirée et déçue par les choses du monde, glisse sur une pente fatale, et finit par se laisser aller au besoin de l'oubli et de l'engourdissement. La persévérance vient de plus haut que la valeur. « On trouve peu d'hommes au lendemain d'une Révolution, a dit M. de Sainte-Beuve (1), parce que le courant politique a pourri les fruits mûrs et desséché les fruits verts. » Beaucoup de gens ont eu des heures radieuses et des jours glorieux, mais « n'ont pas eu une vie », selon l'énergique expression du P. Lacordaire (2). Beaucoup ont commencé et poursuivi des journées laborieuses et n'ont pas connu la beauté du soir. Combien d'existences superbes d'abord, puis effacées plus ou moins vite, disparues prématurément, oubliées presque sans retour ! Que de soleils brillants et brûlants, sans aurore et sans crépuscule, comme dans ces climats privilégiés et dangereux, où mûrissent aux mêmes rayons les fruits les plus beaux et les poisons les plus formidables ! Ici l'ouvrier mécontent abandonne sa tâche et quitte son travail avant la fin de la journée. Plus loin, le soldat découragé est jeté par la peur dans l'abattement et craint tous les

---

(1) *Nouveaux lundis*, III.

(2) *Le Père Lacordaire*, par M. le comte de Montalembert, 269.

périls à force de les prévoir. Tel autre, intrépide au danger, facile au dégoût (1) est malade du mépris pour les hommes et les choses, l'une des formes de l'orgueil : navigateur épuisé, il livre sans combat et sans résistance son navire au caprice de la fortune et à la fureur des flots ; tristement échoué sur le sable, il se renferme dans son égoïsme ou dans l'esclavage des mauvaises habitudes. Tant de fautes ont été commises, même par les meilleurs et les plus habiles, que l'inaction ressemble quelquefois à la sagesse. Tel autre (qui pourrait tout nombrer et tout définir?), le plus vigoureux et le plus grand peut-être, tombe assailli de plusieurs côtés par la coalition des médiocrités envieuses. Ici, à côté de l'intelligence largement ouverte qui voit, comprend et devine tout, un caractère qui ne sait rien oser, qui se ferait même, pour ainsi dire, l'ennemi des occasions : ailleurs, un caractère tenace qui prétend marcher à son but, et ne cherche pas même à connaître son chemin. Que de diversités et d'incertitudes! et combien se rétrécit la place de l'individu, quand il ne sait pas la marquer et la garder lui-même dans la mêlée des événements !

Ces longues réflexions se sont surtout présentées à mon esprit, lorsque ayant relu le déplorable épisode des

---

(1) Non tempestate vexor, sed nauseâ...

Senec.

naufragés de Calais (1) et le mémoire, presque oublié aujourd'hui, qui contribua si puissamment à les sauver (2), j'ai cherché à connaître leur défenseur ; l'avocat dont la parole et la plume avaient, au milieu des orages, devant les commissions militaires et devant les pouvoirs législatifs, revendiqué les droits de la justice et de l'humanité, l'homme d'Etat qui, en présence des passions déchaînées, en avait appelé « au bon sens des peuples et à la conscience de l'univers (3). »

Cet homme, Messieurs, il était votre compatriote et le nom de sa famille a été inscrit au barreau de Nancy pendant près d'un siècle ; mais, quand j'ai voulu m'informer de sa carrière avec quelque détail, les complications même de l'histoire ont rendu mes recherches plus difficiles et les ténèbres se sont épaissies autour de ma curiosité. Il reste quelques points lumineux. Cherchons du moins à les dégager, non pas avec la solennité d'un éloge ou l'exactitude méthodique d'une biographie, mais sous la forme d'une simple notice. Constatons une fois de plus que dans les affaires humaines, le mérite, la science et la célébrité ne sont point liés par des rapports

---

(1) *Mémoires des Contemporains*, IV⁰ livraison. *Histoire et procès des Naufragés de Calais*, par M. le duc de Choiseul. Paris, Bossange frères, 1824.

(2) *Barreau français*, 2⁰ série, t. IV.

(3) *Mémoire adressé au Conseil des Anciens en faveur des naufragés de Calais*, p. 113.

nécessaires, qu'il n'est facile de connaître ni toutes les misères, ni toutes les richesses du passé.

Ce que j'ai pu apprendre (1), Messieurs, je viens aujourd'hui vous le redire, et si incomplet qu'il soit, par la force même des choses, mon récit vous offrira, je l'espère, quelque intérêt :

I

Prugnon (Louis-Pierre-Joseph), naquit à Nancy sur la paroisse Saint-Sébastien, le 14 août 1745 (2), en plein règne de Stanislas. Il était fils et petit-fils d'avocats qui furent en même temps substituts au parquet de la Cour. Il prit sa première inscription de droit à l'Université de Pont-à-Mousson, le 14 juillet 1766, peu de mois après la réunion définitive de la Lorraine à la France. Ainsi, par les traditions de famille, par les impressions de l'enfance, et même par ses premières études, il dut recevoir quelque chose du vieil esprit

---

(1) MM. Beaupré, Lepage, L. Lallement, Regnault, greffier en chef de la Cour, Morcrette, premier avocat général à Douai, E. Demange, avocat à Paris, ont bien voulu m'aider dans mes recherches et je me plais à consigner ici le souvenir de leur obligeance.

(2) *Archives de Nancy*, par M. Lepage III, 282. L'acte est du 15 : l'enfant était né de la veille. — Le registre porte la mention suivante : « Fils légitime de M. Pierre Prugnon, avocat et substitut à la Cour « et demoiselle Anne-Marie Saintelette, son épouse, a eu pour « parrain M. Louis Prugnon, avocat et substitut-vétéran à la Cour, « aïeul de l'enfant. » (Communiqué par M. Lepage.)

lorrain. Licencié le 2 août 1768, admis au serment d'avocat le 22 du même mois, il reste inscrit au tableau jusqu'à la suppression de l'ordre. Il est même indiqué comme homme de loi sur un Annuaire de 1791. Je n'ai du reste retrouvé aucune trace de ses travaux avant 1786. A cette époque, il entra dans la polémique par la défense de l'intérêt provincial et d'un système usé qui nous semble à bon droit fort étrange. Il s'agissait de combattre le reculement des barrières de douane, affaire locale d'une grande importance ; aujourd'hui probablement elle est inconnue à bien des gens et assurément elle n'a plus d'intérêt actuel pour personne. Pour la Lorraine (et d'autres provinces se trouvaient dans le même cas bien longtemps avant elle) la question était celle de la liberté du commerce extérieur. Les avis étaient partagés et les appréciations contradictoires. La province de Guyenne s'en était occupée dès le milieu du XVIe siècle et Montaigne (1) (c'est un fait peu connu) adressait en 1583, au roi de Navarre, un mémoire en faveur de cette liberté. La question avait reparu au point de vue général en 1760 et 1778 ; l'abbé Morellet, à l'instigation de Trudaine de Montigny, alors intendant du commerce (qui peut-être l'avait fait sortir tout exprès de la Bastille où il expiait le tort de s'être moqué de Palissot et d'une

---

(1) *La vie publique de Montaigne,* par A. Grün, 252 à 254. F. Wey, *Dick-Moon en France,* 25.

grande dame de la cour) (1), avait écrit sans beaucoup de succès une brochure pour prouver au pays qu'il gagnerait singulièrement à ce régime de liberté (2). Ici, M. Prugnon, défenseur du système restrictif (3), eut pour contradicteur M. Rœderer (4), s'appuyant sur la

---

(1) .....On dit qu'il a des connaissances très-décidées pour le commerce, et qu'il est réclamé vers le ministère par MM. les intendants du commerce, comme homme très-utile....

(*Journal de Barbier*. Juin 1760. VII, 258).

(2) *L'Abbé Morellet*, par L. de Lavergne ; *Journal des Economistes*. Janvier 1865. p. 52.

(3) *Aperçu des motifs qui s'opposent à ce que les duchés de Lorraine et de Bar soient compris dans le projet de reculement des barrières*, 107 pages. — *Observations des commerçants lorrains sur le projet de reculement des barrières*, 91 pages, 1787. — Ces deux brochures sont notées dans la *France littéraire* comme anonymes, et la première est indiquée avec la date de 1791, ce qui ferait supposer une réimpression.

(4) *Les intérêts de la Lorraine défendus contre les marchands*. Questions et observations proposées par la Commission intermédiaire de l'Assemblée provinciale de Lorraine concernant le reculement des barrières et observations, etc., par M. Rœderer, conseiller au Parlement de Metz, 1787.

Au tome II, p. 198 et 199 du *Résumé général et exact des cahiers*, etc., par une société de gens de lettres, 1789, on trouve les indications suivantes :

NOBLESSE. Nancy. Le reculement des barrières aux frontières extrêmes du royaume serait peut-être nuisible à l'intérêt de la Lorraine : il lui importe de conserver la liberté de ses relations avec l'étranger. .....Les députés se bornent cependant à demander que l'approfondissement de cette ques-

nécessité de faire consommer le bois des forêts trop nombreuses en Lorraine. M. Prugnon se plaint au contraire du développement excessif des usines à feu et de l'augmentation du prix du bois à Nancy qui, pour 33,000 habitants, en consomme 40,000 cordes et se voit au moment de le payer un louis la corde. Cette brochure, non signée d'abord, obtint l'adhésion d'un grand nombre de négociants : l'auteur, s'étant fait connaître, reçut d'eux le mandat spécial de défendre leurs intérêts, ce qu'il fit en résumant les mêmes idées sous une forme plus simple et en termes plus concis. Je ne voudrais pas, Messieurs, insister sur des détails de statistique qui ont pourtant leur mérite, surtout en ce qu'ils peuvent fournir des points de comparaison et des rapprochements utiles. J'aime mieux, dans cette œuvre oubliée, signaler à votre curiosité attentive un échantillon du style et faire revivre dès à présent devant vous, dans une première apparition, l'écrivain élevé, incisif, élégant, que vous retrouverez bientôt avec les mêmes qualités comme orateur de tribune, qui, plus tard et

---

tion soit renvoyé à l'examen des États provinciaux.

Metz.   ....Nos députés s'opposent formellement au reculement des barrières et si la pluralité aux États généraux l'emporte sur ce vœu, qu'ils protestent et prennent acte de leur protestation....

malheureusement pour ne plus reparaître, nous a laissé
l'un des plus beaux et des plus tristes monuments de
notre histoire révolutionnaire.

« S'il n'y avait pas, écrit-il à la page 75 de sa pre-
» mière brochure, s'il n'y avait pas un ressort inaperçu
» qui fixe de notre côté la balance et une activité de
» circulation qui restaure la Lorraine, on l'aurait vue
» languir. Sa constitution se serait altérée, et bientôt
» elle serait arrivée à l'épuisement. Lorsque nous obser-
» vons le bel ordre de l'univers, le mouvement et la
» vie qui l'animent, nous en concluons qu'il y a une
» force secrète répandue dans toute la nature et qu'un
» souffle vivifiant l'agite. L'existence de la Lorraine a
» donc pour premier moteur la liberté, et les négociants
» sont les roues et les cordages de la machine ; toujours
» on s'élève avec son siècle, et depuis plusieurs années
» ils ont étendu la sphère de leurs idées, comme le luxe
» a étendu celle de nos besoins. Ce que peut produire
» une discussion désintéressée, c'est la conviction d'une
» charge nouvelle pour la Lorraine ; et cependant, c'est
» pour elle, c'est pour la frontière extrême que sont faits
» les ménagements. Loin de diminuer nos ressources,
» loin d'en gêner l'effet (1), il faudrait nous en créer.

« Que la guerre éclate, c'est sur nous que le premier
» coup doit porter. Les provinces de l'intérieur sont

____

(1) *Sic*. Ne serait-ce pas plutôt *l'essor ?*

« paisibles et tranquilles. Elles n'ont, durant ces longs
« orages, que le poids des tributs à supporter. Toujours
« il leur suffit de se conserver, et nous dans un siècle
« nous avons plusieurs fois à renaître. »

On ne saurait évoquer plus à propos les souvenirs
belliqueux de l'histoire lorraine, ni caractériser plus
heureusement cette énergie nationale, cette vitalité inté-
rieure qui se ranime et grandit par les désastres
même.

La revendication des traités termine cette argumenta-
tion. « Je ne suis pas pays de conquête, je présente une
transaction passée avec l'Europe (1). »

Vous vous rappelez ici, Messieurs, en quelle circonstance plus heureuse pour notre province, si honorable
pour plusieurs de nos concitoyens, pour l'Académie elle-
même, cette foi des traités a été invoquée de nouveau
et solennellement reconnue (2).

Dans le mouvement des idées et des esprits, à cette
aurore si éclatante et trop tôt obscurcie de la Révolution,
l'auteur ne pouvait demeurer inconnu. Déjà choisi par
les négociants, dans une circonstance que nous venons
de faire connaître, pour leur conseil et leur mandataire,
il est élu, le 27 novembre 1788 (3), par le tiers-état de

---

(1) V. le travail remarquable de M. A. Calmon. Les impôts avant
1789. *Correspondant*. LXVI, 477.

(2) Rétablissement des Facultés de Nancy.

(3) Archives de Nancy, par H. Lepage. II, 117 et 118.

Nancy pour l'un des commissaires, à l'effet de rédiger le procès-verbal de l'Assemblée et « d'arrêter les moyens des réclamations à faire au Roi ». En 1789, il est élu député aux Etats généraux, où il eut pour collègue M. Regnier. Le 20 juillet suivant (1), à l'occasion des séances du 17 mai et du 23 juin, dont ils avaient rendu compte à leurs commettants, tous deux reçurent pour l'Assemblée et pour eux-mêmes une lettre de félicitations et de remerciements de la municipalité de Nancy.

Depuis ses débuts jusqu'à l'expiration de son mandat, J. Prugnon fut toujours sur la brèche. Il n'est pas, pour ainsi dire, une seule question, et les questions graves et délicates naissaient à chaque pas, où il n'ait pris la parole : il fut assurément le rapporteur le plus laborieux de toute l'Assemblée. Le Moniteur, narrateur quelquefois partial des faits dont nos descendants seront encore meilleurs juges que nous, a enregistré ses nombreux discours, en notant avec plus ou moins d'exactitude les mouvements qu'ils suscitaient dans l'auditoire. Plusieurs de ces discours ont été imprimés à part. Sa politique était celle du côté droit, c'est-à-dire avec le sentiment de la liberté, le respect du pouvoir monarchique, avec l'amour des institutions nouvelles, la crainte d'un élan trop rapide. « L'unique clé de cette magnifique « voûte, c'était pour lui, selon ses expressions textuel-

----

(1) Extrait du registre des délibérations de l'Hôtel de Ville. Document communiqué par M. H. Lepage.

« les (1) et pour la meilleure partie de la Constituante, « un trône constitutionnel entouré de l'inviolabilité, » et il voulait que « la liberté française eût toute la force de la jeunesse sans en connaître les erreurs (2). » Son style l'un des plus corrects de l'Assemblée, malgré de petites négligences, recevait l'empreinte du temps. A cette époque, par le soin même et l'effort de rester simples, écrivains et orateurs montraient souvent de la prétention et de l'afféterie. On abusait de la nature, de la sensibilité : ces mots prenaient dans les livres et dans les paroles une place de jour en jour plus grande, à mesure que se développaient les qualités factices et les situations violentes. On voulait pour les autres les vertus privées et familières : on les dédaignait pour soi-même. Nos pères préludaient à de sanglants excès par les fantaisies du libertinage, et l'Idylle semait ses fleurs sur le chemin des Révolutions. J. Prugnon, à le juger par ses nombreux discours, avait une intelligence ouverte à toute chose. C'était un esprit vif, clairvoyant, plus juste que profond, plus fin que naturel, se répétant quelquefois. Riche surtout des pensées d'autrui par l'étude et la mémoire, il aimait les citations, les réminiscences, les allusions, les prenant partout, quelquefois hors de propos, dût-il les emprunter indistinctement à la mytholo-

---

(1) Séance du 14 juillet 1791.
(2) Séance du 17 février 1791.

gie et à la Bible, dût-il les faire entrer de force à la place marquée. On peut lui reprocher aussi de viser à l'effet, quelquefois aux dépens du goût, souvent avec une pointe légèrement ironique. Prudent par caractère et par calcul, ayant déjà dépassé le milieu de la vie, ce point où l'homme placé entre l'avenir et le passé, les voyant, comme le dieu antique, tous les deux à la fois, s'instruit à tempérer les théories aux enseignements de l'expérience, il apportait à la chose publique, avec l'habitude des affaires, une défiance instinctive et raisonnée tout ensemble à l'égard des principes absolus et des grandes aspirations. Ses idées semblent plus nettes que celles d'un grand nombre de ses collègues, incertains dans leur marche trop hâtée, étonnés et comme éblouis de l'immensité lumineuse de ces horizons, troublés peut-être par les pressentiments de l'avenir (1), et ces idées mêmes devaient, en certaines occasions, trouver un surcroît de force dans la forme précise et piquante qu'il savait leur donner (2). Les abus de l'ancienne administration trouvaient en lui un juge sévère. Il disait

---

(1) .... Tout le monde y parle à la fois, on s'y agite sans but ; on ne sait quelle forme suivre, on ne se connaît point les uns les autres...... Malgré cette confusion, l'Assemblée est déjà toute-puissante par l'unité de ses sentiments et le courant de l'opinion qui la porte et qu'elle sent sous ses pieds. A. de Tocqueville, *OEuvres*, tome VIII, 179.

(2) Moniteur, *Passim*.

un jour (1) : « Chaque fois que votre comité vous pro-
« pose de placer un corps administratif de département
« dans une ci-devant intendance, il se sent toujours
« pressé de dire aux administrateurs : ne prenez jamais
« le langage du pays que vous allez habiter ; changez-en
« bien vite les usages..... Soyez peu économistes, mais
« très-économes. » Vous reconnaissez là, Messieurs,
des préjugés du temps, des préventions de parti, dont
il serait facile de trouver des témoignages plus récents
et moins excusables soit en Angleterre, soit en France,
et peut être un ressentiment personnel de la polémique
des barrières.

Au surplus, J. Prugnon montra dans les questions
financières beaucoup de justesse et de perspicacité. Il eut
à s'occuper, à trois reprises différentes, de la question
des assignats. Dans la séance du 17 avril 1790, il
s'opposa, par des raisons habilement déduites, à ce
qu'un intérêt fût attaché aux assignats destinés à la circulation. Moins de six mois après, il fallait statuer sur
une grande liquidation de la dette publique, sur la créa-
tion de nouveaux assignats, et ses paroles mêmes mon-
trent combien l'abîme s'était creusé. Après avoir posé en
principe que les domaines nationaux sont la dot de la
Constitution, il continue en ces termes (2) : « Il s'agit
« de refaire la fortune publique : de petits moyens ne

____

(1) 31 mai 1791.
(2) 25 septembre 1790.

« donnent que de petits résultats, et ce n'est pas avec
« de l'hysope qu'on bâtit le temple de Salomon. Les
« assignats émis pour 400 millions étaient enfants de
« notre confiance ; ceux-ci le sont de la détresse » ;
et plus loin : « Quatre grains d'émétique sauvent un
« homme que vingt-quatre tuent. » — Le temps mar-
chait et nos embarras s'aggravaient toujours. Le 29 avril
1791, il s'agissait encore d'assignats : il propose d'en
fixer le minimum à 10^{f}, sous peine de faire disparaître
les écus, et c'est, ajoute-t-il, un genre « d'ostracisme
« que l'Etat ne se permet pas impunément » ; il disait
encore à cette occasion : « C'est une idée beaucoup trop
« hardie que d'essayer de se passer d'argent : il faut
« seulement tâcher d'en avoir moins besoin. »

J. Prugnon eut à s'expliquer incidemment sur l'en-
seignement public (1). Les doctrinaires occupaient le
collége de Bastia : il convint au Directoire du département de s'en emparer, en s'appuyant même « sur la
logique des sbires ». L'orateur soutint les droits des
religieux dans un petit discours plein de malice et de
raison. « Il faut bien plutôt, dit-il, honorer les corps
« enseignants que les décourager et les troubler. Une
« mesure contraire répandrait l'inquiétude chez tous les
« pères de famille et compromettrait l'instruction publi-
« que. Périclès, après une bataille dans laquelle avait

____

(1) 12 février 1791.

« péri la jeunesse athénienne, disait : l'année a perdu
« son printemps. Chaque fois que l'éducation publique
« est compromise et troublée, on peut dire que l'année
« a gâté son printemps. »

Dans une autre occasion (3), sur une simple question
d'intérêt local où il fit preuve d'impartialité, nous le
prenons de nouveau en flagrant délit d'antithèse. Une
rivalité s'était établie entre les villes de Toul et de
Châlons, qui réclamaient toutes deux une école d'artille-
rie. Après examen et de l'avis des hommes compétents,
on propose de l'établir à Châlons, dans l'ancien sémi-
naire : « On substitue une milice à l'autre, dit l'orateur,
« des guerriers à des lévites : ce sera toujours un
« gymnase où s'exercera une autre classe d'athlètes :
« Les héros ont aussi leurs séminaires. »

Il faut se presser : nous devons d'ailleurs nous tenir
en garde. Les rapprochements historiques, les commen-
taires se présentent d'eux-mêmes. Nous rencontrons à
chaque pas le piége des allusions, l'attrait et l'abus facile
des citations et des souvenirs. Nous ne devons parler des
événements que dans leurs rapports avec l'homme qui
fait l'objet de cette notice, et l'homme même, nous ne le
prenons que dans l'éclat passager de sa vie publique. Avec
ses seuls discours, dont plusieurs ont été imprimés à part,
on pourrait refaire la plus notable partie de l'histoire

-----

(1) 17 août 1791.

parlementaire du temps. Vingt fois J. Prugnon est monté à la tribune : l'Assemblée, même quand elle donnait tort à ses opinions, ne s'est jamais montrée inattentive ou hostile à sa parole. Il fut assurément l'un de ses orateurs les plus habiles, les plus infatigables et les mieux écoutés. Défenseur de la liberté dans le droit civil aussi bien que dans le droit politique, il combattit en termes remarquables l'opinion posthume de Mirabeau sur une question toujours vivante, le droit de tester (1); opinion qui, en l'examinant bien, paraît une impression personnelle plus qu'une théorie légale. Il a tenu tête à Robespierre et il lui a survécu. La marche des événements, sa volonté peut-être l'ont dérobé plus tard aux épreuves de la Terreur. Ici, dans plusieurs occasions, il a lutté avec succès contre cet adversaire, homme de principes absolus, on le sait trop bien, mais

---

(1) Le discours de Prugnon est cité avec éloges dans une note du *Journal des Economistes* (juin 1865, page 550)..... il se termine ainsi (séance du 6 avril 1791) :

« .....Je me reproche de combattre l'auteur de cette objection,
» et je me rappelle à ce moment la réponse de milord Bolingbroke
» aux détracteurs de Marlborough : C'était un si habile homme que
» j'ai oublié ses défauts (on applaudit). »

La citation nous conduit à un rapprochement singulier : peu de temps après, en l'an II de la République, Camille Desmoulins écrivait dans son *Vieux Cordelier* (OEuvres III, 151) : « La Révolution
» est une si belle chose que je dirai toujours d'elle comme Boling-
» broke dit un jour de Marlborough : c'est un si grand homme que
» j'ai oublié ses vices. »

au fond peu redoutable, tant qu'il n'eut que des raison-
nements à son service, tant qu'il vécut loin du pouvoir,
dans l'orgueil de ses idées : Le nuage obscur ne lançait
pas encore la foudre. Le dissentiment s'établit en premier lieu sur la peine de mort (1), dont Robespierre
voulait théoriquement l'abolition, tandis que son contradicteur proposait de la maintenir pour quelques crimes
excessivement graves (2) et en supprimant d'ailleurs
toute espèce de torture ; puis, sur la déchéance du roi
après son arrestation à Varennes (3) ; enfin sur la loi
électorale (4). J. Prugnon voulait que tout citoyen français
fût éligible, mais il prétendait exiger des électeurs une
condition de cens. Il s'exprimait ainsi : « Le corps poli-
« tique est un être artificiel. Il ne faut pas, comme les
« géomètres, chercher des lignes sans largeur (Robes-
« pierre parut choqué du mot)..... Il ne faut pas s'atta-
« cher à donner aux institutions humaines l'air du
« mieux, si je puis m'exprimer ainsi, mais celui du
« bien possible. » Il avait déjà dit, dans une autre cir-

----

(1) Séance du 30 mai 1791. — Le discours de M. Prugnon se
trouve *in extenso* au tome X (pages 55 à 66) de l'Histoire parle
mentaire de la Révolution, par Buchez et Roux.

(2) Les criminels de lèse-nation, les assassins, les empoisonneurs,
les incendiaires et *surtout* les fabricateurs de faux assignats. — Il
proteste énergiquement contre les rigueurs de l'ancienne législation.

(3) Séance du 14 juillet 1791.

(4) Séance du 10 août 1791.

constance : « C'est contre l'impatience du bien et le désir du mieux qu'il faut nous armer (1) ».

Il eut sur l'organisation du ministère public (2) des inspirations heureuses (3), soutenant, en dépit de toutes les contradictions et conformément aux plus anciennes traditions de la monarchie (4), qu'il doit recevoir ses pouvoirs de l'autorité royale.

Ses discours et son projet sur l'établissement du Tribunal de cassation, auquel plus tard il fit attribuer pour ses audiences la grande chambre du Parlement (5), méritent d'autant mieux l'attention que plusieurs de ses idées ont prévalu (6). « Prenez-y garde, s'écrie-t-il dans l'une de ces discussions, si vous manquez l'ordre judiciaire, vous n'aurez fait que le buste de la liberté. » Ailleurs, il parle encore de « ces hommes respectables, « mais qui voient des lignes sans étendue et des points « sans surface » (l'espèce en est-elle tout à fait perdue ?) et il cite malicieusement cette anecdote : M. le Dauphin

---

(1) 5 avril 1790.

(2) 10 août 1790.

(3) ...... En vain Prugnon dit-il avec esprit et bon sens que le ministère public, sans le droit d'accusation serait une sentinelle désarmée. (M. Duvergier de Hauranne.) Histoire du Gouvernement parlementaire en France, I, 144.)

(4) Histoire de l'Administration en France et des progrès du pouvoir royal par M. Dariste de la Chavanne. I. 17 et 318.

(5) 13 mai 1791.

(6) 10 et 18 novembre 1790.

disait à l'évêque de Verdun, en lui montrant le plan d'un édifice. « Savez-vous ce qu'il y a de beau dans ce » palais ? c'est qu'il ne sera jamais bâti qu'en idée. »

« Cessons de travailler en marqueterie, s'écrie-t-il dans une autre occasion : c'est notre défaut habituel, jetons en bronze ». Belles paroles sans doute, mais le métal et le modèle sont encore à trouver.

Je voudrais abréger, Messieurs, et je ne puis que rappeler sommairement, par une sorte d'énumération, quelques autres discours.

Nous rencontrons d'abord l'institution du jury en matière criminelle qu'il n'admet qu'avec peine (1), et le principe une fois établi, en insistant (2) sur l'information écrite à la place du débat oral, (chose qui doit nous paraître aussi étrange aujourd'hui qu'elle était facile à expliquer dans une période de transition) c'est-à-dire sur le maintien d'une pratique vieille au sein d'une institution nouvelle pour nous, et cela avec une entière bonne foi, par de graves raisons « ne voulant pas, dit-» il, substituer une preuve de sentiment à une preuve » de raisonnement » (3) et témoignant d'ailleurs pour la liberté des citoyens une sollicitude éclairée.

Nous le voyons ensuite engagé dans une longue discussion sur les appels. Il n'admet pas que les tribunaux

----

(1) Séance du 5 avril 1790.
(2) 27 décembre 1790, 4 janvier 1791.
(3) 18 janvier 1791.

soient en appel juges les uns des autres : il veut des magistrats supérieurs. Il demande qu'ils soient sédentaires, et il donne tour à tour à son opinion une forme sérieuse et une forme plaisante, en homme qui ne veut négliger aucun moyen d'avoir raison (1).

Il prit la parole sur l'institution et la compétence des juges de paix. La limite de compétence fixée à 50 fr. lui semblait exagérée, et il redoutait l'influence des praticiens de village (2).

L'assemblée avait décerné à Voltaire les honneurs du Panthéon. Il les réclame pour Montesquieu (3), en citant la phrase de Voltaire, si connue et trop vantée : « Le genre humain avait perdu ses titres, Montesquieu » les a retrouvés. » Il ajoute de son chef, plus indulgent en cela que l'auteur lui-même (4) : « le seul peut-être » des écrivains qui soit mort avec l'espérance fondée » qu'il n'y aurait pas une ligne à effacer dans ses écrits. »

Nous devons mentionner encore trois questions importantes ; le maintien des offices ministériels (5), le

---

(1) 1er mai et 23 juillet 1791.

(2) 7 juillet et 5 août 1790. P. *14 bis.*

(3) *Moniteur*, 1er septembre 1791. p. 627.

(4) « ...... (dans les Lettres persanes) quelques *Juvenilia* que je voudrais retoucher. » Lettre à l'abbé de Guasco 4 octobre 1752.

(5) 13 décembre 1790. « L'inviolabilité de la propriété vous fait un devoir de conserver les offices ministériels ; l'intérêt public vous y engage. » V. aussi la séance du 5 mai 1791.

logement des évêques aux frais de la nation (1), la tutelle des corps administratifs (2). J. Prugnon appuyait fortement cette tradition de l'ancien régime (3), conservée avec tant de soin.

Rappelons enfin que sur la triste affaire de Nancy il prit la parole à plusieurs reprises en termes énergiques, défendit la municipalité, et plus tard, finit, en déplorant ces jours néfastes (4), par faire voter l'amnistie. Il disait à cette occasion : « C'est l'optique de la haine (5) qui » voit tout ce que l'on veut et qui réalise tout ce que » l'on voit. » Le moment venu où l'assemblée doit se prononcer sur la rééligibilité de ses membres, il soutient la négative (6) ; d'accord cette fois avec son collègue Robespierre, mais sans doute au fond par d'autres raisons et avec des vues différentes, caressant peut-être, comme Mirabeau, l'espérance illusoire d'élections plus monarchiques. « C'est assez, dit-il, que le pouvoir légis-

---

(1) 9 mai 1791.

(2) 5 février 1791.

(3) A. de Tocqueville : L'ancien régime et la Révolution, 79.

(4) 7 décembre 1790 : C'est sans doute à l'inadvertance du prote du Moniteur qu'il faut attribuer l'inexactitude prosodique de la citation :

Frangatur potiùs legum veneranda *Majestas*.

(5) Cette phrase sur l'*Optique de la haine* est répétée, avec une variante, dans le Mémoire pour les Naufragés de Calais. *Barreau français*, volume cité, 127.

(6) Séance du 16 mai 1791.

« latif réside dans une chambre unique, sans y ajouter
« l'incontestable danger de la réélection...... Les réputa-
« tions sont un genre d'agiotage qui n'est pas peu cul-
« tivé, et aujourd'hui on fait travailler le succès. » La
pensée et l'expression, comme vous pouvez le remarquer, n'ont pas vieilli. La première phrase est évidemment l'expression d'un regret ; la seconde semble une
allusion personnelle. Quant à la mesure législative, c'est
aux historiens et aux publicistes qu'il appartient d'en
apprécier la portée et les conséquences. Le silence des
tribunes dut refroidir les applaudissements dont l'assemblée, presque unanime dans son vote, saluait sa propre abdication (1).

II.

Depuis la fin de son mandat, si bien rempli, jusqu'en
1796, c'est-à-dire durant les années les plus désas-
treuses de l'époque révolutionnaire, nous perdons de vue
J. Prugnon : il vécut : c'est tout ce que nous savons de
lui : Il vécut, témoin attristé sans doute et dégoûté des
choses du temps. Si nous avions le droit de demander
compte à sa mémoire d'une telle inaction et d'un silence
peut-être forcé, sa dernière œuvre est là pour répondre
devant le pays, devant la postérité : œuvre de raison,

---

(1) Histoire du gouvernement parlementaire par M. Duvergier de
Hauranne, I, 132.

d'éloquence, de courage ; œuvre noble et périlleuse, qui doit vivre aussi longtemps que le souvenir d'un fait malheureusement inscrit dans nos annales et trop négligé jusqu'à ce jour par les historiens. On ne doit aucun ménagement à ces grandes injustices, à ces violations du droit humain.

Nous sommes au second mois de l'an IV, sous le régime du Directoire, gouvernement de surface et de transition, indécis et ombrageux, gêné par le passé, inquiet de l'avenir, ayant l'instinct de la modération, non le respect du droit, et prêt à se ruer dans la violence aux premières émotions de la peur. Ce n'est pas l'équilibre de la santé ; c'est l'apaisement dans la lassitude, le repos dans la corruption : Les vices ont remplacé les crimes ; le pays a passé presque subitement des horreurs de l'échafaud aux entrainements du désordre. Il s'amuse, oublieux de la veille, insouciant du lendemain ; et de ses libertés, noyées dans le sang, il ne redemande encore que la liberté du plaisir. Les prisons se vident et les salons se rouvrent. L'esprit est frivole, la vertu fragile, la probité incertaine. Tout ce qui peut changer a changé ; tout ce qui est immuable reste voilé de ténèbres. La vieille France a disparu ; la France nouvelle n'a pas eu le temps de naître. La proscription et la vengeance restent écrites dans nos lois, et peuvent sur un seul mot, en sortir tout armées.

Au milieu de ce calme malsain, dans cette situation équivoque, cinquante-trois émigrés sont jetés par la tempête sur les côtes de France (1), à Calais, près d'une ville déjà illustrée par les souvenirs de notre histoire et que les passions révolutionnaires avaient respectée. Ce lieu n'est que trop fécond en naufrages : deux siècles auparavant, sur cette même plage, au moment où l'invincible Armada tenait l'Angleterre en échec, quand l'ambassadeur de Philippe II avait préparé d'avance pour Henri III le récit d'une victoire, la mer apportait, avec les débris d'une galéasse espagnole, trois cents forçats Turcs et Barbaresques qui formaient, selon l'usage du temps, la chiourme du navire ; ils furent amenés jusqu'à Chartres où le roi s'était retiré pour fuir les Barricades de Paris. Vainement, l'ambassadeur Mendoça, tombé des rêves du triomphe dans la plus triste des réalités, demanda-t-il la remise de ces malheureux qui, agenouillés sur les marches de la cathédrale, imploraient la miséricorde du roi de France. Le monarque et son conseil avaient prononcé : ni la raison d'Etat ni les préjugés religieux du temps ne firent pencher la balance. Les infidèles avaient été reconnus libres et furent reconduits à Constantinople (2). Aujourd'hui c'étaient des Français que le courroux du Ciel jetait sur les côtes de France, et les habitants empressés à les sauver, à les recueillir (notre population maritime connait ce dévouement de

---

(1) Nuit du 23 au 24 Brumaire an IV.

(2) *Chronique* de Palma Cayet, 1re partie, page 63 (collection Michaud). *Histoire de Chartres* par M. E. de Lépinois, II, 294.

toutes les heures) se sentaient encouragés et soutenus par la grande voix de la patrie : en octobre 1791 (1), quand les faits répondaient aux idées, l'Assemblée nationale s'était émue au récit du sauvetage d'un bateau pêcheur ; elle avait voté des remerciements aux hommes qui s'étaient dévoués ; elle avait chargé son président de féliciter le maire de Calais, et demandait une loi pour récompenser ceux qui suivraient ce noble exemple. De telles démonstrations, des encouragements aussi solennels ne devaient-ils donc servir qu'à préparer une proie aux vengeances politiques ? Est-ce que ces hommes venaient, plein d'une haine impuissante, soutenus par de folles espérances, excités par des complicités occultes, ranimer dans le pays le fléau de la guerre civile ? Etaient-ils détachés, avec des projets aggressifs, de ces petites armées qui essayaient de se former en Allemagne, et dont la jactance et l'indiscipline ont effarouché plus d'une fois le bon sens germanique ? Alors même le Ciel, en nous livrant les coupables, ne les avait marqués du sceau de sa colère que pour les rendre sacrés devant la justice humaine, et la conscience publique proclamait l'amnistie au nom du malheur ; mais les Naufragés de Calais (ce nom protecteur leur reste dans la polémique et dans l'histoire) n'avaient point préparé contre leur patrie des tentatives crimi-

---

(1) Moniteur 1791, II, 299.

nelles. Pour la majorité, sinon pour tous, l'émigration n'avait pas eu les caractères qu'elle présentait dans l'origine, alors que les mécontents allaient promener dans les cours étrangères leurs regrets et leurs illusions : elle n'avait pas été une détermination libre, spontanée, hostile aux principes de la Révolution ; elle était née forcément de ses excès, de ses proscriptions, de ses menaces. Presque tous n'étaient-ils pas, à vrai dire, bannis plutôt qu'émigrés ? Alors, dénués de ressources, rongés par l'inaction, un certain nombre avaient engagé leur épée au service de l'Angleterre, pour des aventures lointaines, pour l'Inde ou le Canada, avec la condition expresse qu'ils ne serviraient jamais contre la France. Ils s'étaient embarqués dans un petit port du Hanovre, avec de nombreuses recrues étrangères, sur des bâtiments de transport protégés par un pavillon neutre. Leur chef était le duc de Choiseul (1), un nom bien connu en Lorraine et dans l'histoire. En vue de Calais, la flotte est dispersée par la tempête (2). Trois navires sont jetés à la côte. Dans cet immense désastre, il périt au moins six cents hommes. Parmi ceux que l'on put sauver, les étrangers furent traités en prisonniers de guerre et profitèrent d'un cartel d'échange. Que faire des émigrés ? Cette question est dans toutes les bouches : on la répète avec anxiété. On les jugera, répondent les

---

(1) Biographie lorraine de M. Michel.
(2) V. pour les détails les Mémoires déjà cités.

passions politiques, irritées par des démonstrations récentes. Les juger, c'était les condamner. Le dévouement les a sauvés ; la justice les tuera. En vain l'accusateur public plaide leur cause auprès du ministre de la justice. Ordre est donné au général Landremont, qui commandait la division militaire, de les traduire dans le plus bref délai devant une commission. Encore un nom lorrain qui, dans cette circonstance triste et solennelle, se présente honorablement au jugement de l'histoire. Le général Landremont (1) était né à Fénétrange et mourut à Nancy en 1816. Il avait, au début de sa carrière militaire, connu le duc de Choiseul, dont la reconnaissance lui resta toujours fidèle. Déjà suspect une première fois en 1793, à la suite d'une victoire, son attitude indépendante et généreuse lui préparait une nouvelle disgrâce. Il devait être bientôt destitué de son commandement pour mollesse envers les commissaires (on voulait que son autorité pesât sur leur jugement, comme si, hors du service, la conscience du soldat pouvait recevoir une consigne !) et pour lenteurs compromettantes envers les émigrés. Plus tard, un réquisitoire au tribunal de cassation articule contre lui le fait de s'être ingéré avec ses deux fils, qui étaient ses seuls aides de camp, dans l'élection de la commission militaire, laquelle était alors dévolue à l'état-major. Notons en passant, si nous

---

(1) Biographie lorraine.

voulons glaner dans la législation et dans l'histoire, cette formation élective d'une commission militaire.

Ici, Messieurs, se présente une grande complication de lois, de procédures et d'incidents. *Non sunt pejores laquei quem laquei legum,* a dit le chancelier Bacon (1). Durant plusieurs années, la rage révolutionnaire, doublée des ruses de la chicane, s'agite dans les conseils du gouvernement. Il s'agit de la peine capitale applicable aux émigrés pris les armes à la main. Les indulgents admettent tout au plus que les naufragés sont rentrés sans autorisation.

C'est au début même de ces longues persécutions que nous voyons reparaître J. Prugnon. Vous jugerez bientôt, Messieurs, s'il a grandi dans la retraite. Sa pensée, sa vocation, sa mission sur la terre, c'est désormais de sauver, avec le concours d'autres amis, les cinquante-trois naufragés. Il aura pour auxiliaires de sa généreuse entreprise Burke en Angleterre et Lally-Tolendal en France. Il accourt tout de suite à Saint-Omer où ces malheureux ont été transférés, les soutient et les encourage. Les instructions du gouvernement sont pressantes : le 5 Nivôse an V, six semaines après le naufrage, la commission militaire s'assemble. L'affaire dure cinq jours. Au milieu même des débats, le gouvernement essaie d'influencer la conscience des juges par la

---

(1) Legum Leges, — Aph. 53.

destitution motivée du général Landremont et par une lettre du ministre de la justice, dont la commission ordonne l'insertion au procès-verbal.

J. Prugnon prend la parole en faveur des naufragés.

La commission militaire écarte le premier chef d'accusation, le plus redoutable. Elle proclame que des naufragés ne sont pas des prisonniers, qu'ils n'ont pas été saisis les armes à la main.

Sont-ils simplement des émigrés rentrés? La raison est évidemment la même pour la négative. La force majeure anéantit toute criminalité. Cependant la commission militaire les renvoie de ce chef (qui entraînait la déportation) devant les tribunaux criminels de leurs départements respectifs.

Rigoureuse ou indulgente, la sentence devait, à cette époque, être exécutée dans les vingt-quatre heures.

Les naufragés n'en restèrent pas moins détenus au secret pendant plusieurs mois dans les prisons de Saint-Omer.

Le gouvernement consentit alors à les considérer comme prisonniers de guerre, et à les faire profiter d'un cartel d'échange, pourvu qu'il en dictât les conditions (1).

Les négociations ayant échoué, ils redeviennent à ses yeux des conspirateurs et, contre ces ennemis désarmés,

----

(1) *Mémoires du duc de Choiseul,* 52.

il engage un double combat. Il demande au Conseil des Cinq Cents, par une interprétation abusive de la loi constitutionnelle, l'annulation du jugement de la Commission militaire ; mais, dans l'impossibilité d'un rapport favorable, les trois commissaires se décident à n'en point faire. Il demande au tribunal de cassation, au point de vue judiciaire, l'annulation de ce même jugement, et, dans sa haute indépendance, le tribunal répond : Il n'y a lieu à statuer, parce que les lois militaires excluent tout recours et ordonnent l'exécution de la sentence dans les vingt-quatre heures.

Dans l'intervalle, les prisonniers, avaient été transférés à Lille, et le gouvernement produisait, comme une charge nouvelle au procès, la découverte tardive d'une cassette. Il convenait à une telle accusation de s'emparer de l'épave suspecte d'un naufrage pour en frapper les victimes, au moment même où les sympathies publiques se manifestaient en faveur de leur infortune.

Cependant, il fallait prendre un parti : on revient alors à l'exécution, au moins partielle, du jugement militaire. Sept des naufragés sont traduits devant le tribunal criminel du département du Nord qui, alléguant l'obscurité et l'incertitude de la loi, ordonne qu'il en sera référé au Corps législatif.

Cette décision, fort singulière assurément aux yeux

1, *Mémoire de Prugnon*, 153.

des jurisconsultes, fut, à ce qu'il parait, une sorte de compromis entre des opinions divergentes, dont l'une pouvait conduire à une condamnation capitale.

Elle est cassée par le tribunal suprême avec renvoi au tribunal criminel du Pas-de-Calais, qui se reconnait compétent et appelle à lui le jugement de tous.

Sa décision devient l'objet d'un nouveau pourvoi sur lequel il n'y eut lieu de statuer, parce que dans l'intervalle, et sur le référé même de Douai, le Conseil des Cinq Cents avait adopté à l'unanimité la résolution de rembarquer et rendre en pays neutre les naufragés de Calais (1).

Quinze jours après, la résolution devient une loi par le vote également unanime du Conseil des Anciens et par sa promulgation officielle, (2).

Ce que dit cette loi, les éloquents et sages rapporteurs (3) l'avaient proclamé aux deux tribunes : le cœur du plus grand nombre et le simple bon sens de tous le répétaient depuis le naufrage : c'est que, même en entrant dans l'examen des faits préparatoires, et au point de vue le plus rigoureux, c'est que ces hommes étaient protégés par leur malheur même. La France ne pouvant ni les juger, ni les laisser libres dans son sein, ni

---

(1) Moniteur, *passim* — *Mémoires du duc de Choiseul*, 209 à 216.

(2) 15 thermidor, an V.

(3) Jourdan et Portalis.

les retenir sans jugement, ne pouvait que les rendre au sol étranger.

Tout semblait fini ; mais le Directoire en avait décidé autrement dans le secret de sa politique. Il suspendait, par des ordres secrets, l'exécution de la loi. La captivité de ces malheureux, qui réclamaient en vain, devait se prolonger. Plus d'une fois encore le flux et le reflux de la politique devait leur apporter tour à tour l'espoir de la délivrance et la crainte d'une condamnation. Les conjonctures redevenaient graves. Le Directoire se sentait ébranlé et affaibli. Le 18 fructidor survient, et le lendemain une loi de déportation, loi de colère dira l'histoire, loi de salut public disait, comme toujours, la politique, puis un nouveau message aux Conseils contre cette loi du 15 thermidor. Les rapporteurs, proscrits par le décret de la veille, et leur « astucieuse éloquence » sont dénoncés à l'opinion publique. Le tribunal de cassation est accusé « d'une partialité monstrueuse. » On soutient que le naufrage ne peut absoudre les émigrés, que tout concourt à proscrire ce système « injuste et barbare ». — En résumé et rappelant la loi qui vient d'ordonner la déportation des principaux chefs d'une conspiration royaliste déjouée par lui, le Directoire invite le Conseil des Cinq Cents à examiner « s'il ne pourrait pas, sans « inconvénient, envelopper les émigrés de Calais dans « l'exécution du même plan ».

Sa pensée intime allait bien plus loin (1) : au fond, il

---

(1) *Mémoires du duc de Choiseul*, pages 159 et suivantes.

voulait, en sauvant les apparences, se faire accuser d'un excès d'humanité et engager, dans une loi odieuse, la responsabilité collective des deux Assemblées. Il s'agissait de renvoyer ces hommes devant une nouvelle Commission militaire pour y être jugés comme rebelles pris les armes à la main, pour être tués au nom de la loi. L'antiquité, qui a maudit la Tauride inhospitalière, eût reculé devant ce décret : elle eût craint, en commettant une telle impiété, d'allumer la colère des dieux (1). Le naufrage fut toujours sacré et si des actes de pillage et de barbarie sillonnent, comme de sinistres éclairs, la fin obscure de l'empire romain et les ténèbres du moyen-âge, ni l'autorité religieuse ni les pouvoirs civils n'ont failli à la répression.

Le duc de Choiseul rend ici un nouvel hommage au zèle et au dévouement de J. Prugnon qui, de concert avec les amis de la noble famille, luttait au sein des Commissions législatives contre les dispositions barbares du gouvernement.

---

(1)   Quod genus hoc hominum, quœve hanc tam barbara morem
        Permittit patria ? hospitio prohibemus arenæ !

. . . .

Si genus humanum et mortalia temnitis arma,
At sperate deos memores fandi atque nefandi.

Virg. Æneid. I, 544 et ss.

Senèque, parlant du naufragé inconnu auquel on a fourni des moyens de retour, dit : « . . . . . Debitores nobis deos deligat. . . . . . »
De Beneficiis lib. IV, cap. XI.

En toute situation violente, c'est une grande chose que le bénéfice du temps (1). Les naufragés avaient trouvé dans le nouveau rapporteur, Tallien, des dispositions généreuses. Ses lenteurs d'abord, puis son départ pour l'Egypte donnèrent quelque répit à leurs inquiétudes. De plus, les pièces étaient égarées.

Le Directoire cependant pressait une solution à Paris, et à Lille faisait enfermer dans les casemates les *soi-disant* naufragés de Calais ; infligeant ainsi, pour égarer l'opinion et masquer sa perfidie, un démenti à leur infortune. On pouvait calomnier les survivants par une ironie officielle, mais six cents noyés attestaient devant Dieu la réalité du désastre.

Enfin, à une majorité incertaine, après une discussion incomplète où retentit plus d'une fois, à côté de pensées généreuses, le lugubre écho de la Terreur et le lendemain même d'un premier vote favorable aux naufragés, le Conseil des Cinq Cents rapporte la loi du 5 thermidor an V, et déclare l'art. 19 de la loi du 19 fructidor inapplicable à ceux qui, outre le crime d'émigration, étaient encore prévenus d'autres faits emportant peine capitale.

Cette résolution violente fut aussitôt envoyée, pour être convertie en loi, au Conseil des Anciens.

---

(1) .. ..C'était presque un triomphe pour l'esprit de modération d'avoir réduit leurs dangers à celui d'une réclusion indéfinie. Bignon, *Histoire de France*, I, 14.

Là vivait une politique plus mesurée. La gravité des circonstances extérieures, la folie de quelques tentatives, le réveil momentané des passions révolutionnaires n'avaient point perverti les sentiments de la justice et de l'humanité. Le duc de Choiseul et ses compagnons d'infortune y comptaient quelques protecteurs, entr'autres Regnier, qui employèrent leur influence à gagner encore du temps, à retarder le rapport.

C'est alors que J. Prugnon, qui mettait, selon l'expression de l'un des orateurs les plus hostiles à leur cause, beaucoup de zèle et d'enthousiasme à les défendre (1), publia le Mémoire dont nous voulons rappeler ici les principaux traits. Bien des documents de l'époque ont disparu. Félicitons-nous, pour l'honneur du pays, de retrouver celui-ci dans les recueils judiciaires.

Nous ne suivrons pas le défenseur à travers les discussions de droit public et de droit criminel. On peut remarquer dans son Mémoire la connaissance approfondie des lois, le tact des affaires, et la parfaite intelligence des temps. Pour une étude académique, c'est le côté oratoire qui est le plus facile à faire ressortir, et saisit le mieux l'attention. Qui ne se sentirait ému de ce gémissement des captifs au fond de leur prison souterraine. « Là, tout l'avenir pèse sur chaque heure, et le « temps qui coule pour nous, semble par sa lenteur être

____

(1) *Mémoires du duc de Choiseul*, 147.

« un autre temps. » Quelle noblesse dans cet appel à la conscience des législateurs : « Ah ! daignez croire que « les seuls partis sensés sont les partis magnanimes, et « que les actions justes protégent autant les nations « qu'elles les honorent. » Quelle hardiesse dans cette apostrophe : « Demandez au plus féroce raisonneur si « la République n'a pas déjà assez de mânes à apai- « ser ! »

Tout se réduit à ce syllogisme de cœur et de raison : les prisonniers de Calais sont naufragés, donc « *incon-* » *damnables* » et le défenseur le développe en ces termes :

« Elle est encore dans la tête de tout législateur né « homme, la loi qui, sous un prétexte quelconque, doit « condamner à mort des naufragés ; et sûrement elle y « sera longtemps : or, il ne peut y avoir de délit sans « loi préexistante qui l'ait déclaré tel. Si le cas n'est pas « textuellement prévu (car en ce genre point d'équiva- « lent à admettre) il n'y a ni délit existant ni délit « possible.

« Comme il ne faut que des yeux pour connaître la « lumière, il suffit d'avoir une âme pour sentir que des « naufragés ne sont que des malheureux, que c'est le « seul titre qui leur reste.....

« Quand toutes les lois seraient là-dessus imparfaites « ou muettes, il y a un instinct d'équité naturelle qui « suppléerait à leur vide et à leur silence.

. . . .

« Existe-t-il ou peut-il exister une loi qui décide qu'il
« sera permis de profiter de leur naufrage contre eux,
« quelle qu'ait été leur vie antérieure ? Non, aucune.
« Le Code ne parle que de secours, et défend surtout de
« porter une main avide sur la dépouille du naufragé (1),
« il semble respecter jusqu'à ses vêtements et dire :

« Il suffit qu'il soit homme et qu'il soit *naufragé*.

« La législation n'a pas supposé que l'on penserait
« jamais à le punir pour des faits antécédents, et si elle
« n'a pas proscrit ce principe inhumain, c'est qu'elle a
« assez honoré le cœur de l'homme pour croire qu'il
« était au moins inutile de le faire : c'est le silence de
« Solon.

« Quoi ! une loi ancienne (2) défend, sous peine de
« mort, de dépouiller le naufragé : elle n'est pas révo-
« quée, et l'on voudrait qu'il en existât une moderne
« qui ordonnât de lui ôter la vie, c'est-à-dire que la
« liberté fût moins humaine et plus cruelle que le despo-
« tisme.

---

(1) On ne faisait pas de droit romain sous le Directoire et toute
citation des textes était, dans l'état de la question. plus qu'inutile. Il
est permis de penser que le jurisconsulte s'est souvenu ici de la loi
du Code *de Naufragiis.*

§ I ..... Quod enim jus habet fiscus in alienâ calamitate ut de
re tam luctuosâ compendium sectetur ? »

(2) Il n'eût pas été plus opportun de citer les édits de nos anciens
rois, punissant de mort, sans espoir de grâce, les attentats à la personne ou aux biens des naufragés. (Voir entr'autres Ordonnance de
la Marine. Août 1681, liv. IV, titre IX.)

......Une loi qui érigerait cela en principe serait
« un attentat au droit des gens, à un droit contre lequel
« il ne fut jamais permis de faire des lois (1).... Nous
« invoquons une de ces lois immortelles (2) qui n'ont
« été faites ni par des sénats, ni par des princes, ni par
« des comices, mais qui, créées avant le temps, avant
« les républiques et les empires, sont établies comme un
« rapport nécessaire dans toute constitution raisonnable ;
« c'est parce qu'elles ne sont pas écrites qu'on ne peut
« pas les abroger. La conscience de l'Univers les garde
« en dépôt, et il est inviolable celui-là..... » « Ces
« hommes, dit-il plus loin, ne sont pas en notre pou-
« voir, mais sous notre garde. »

Le côté judiciaire et le côté politique, trop rapprochés
par la force des choses, se mêlent aussi dans l'écrit de
M. Prugnon avec un certain désordre habile, et le côté
humain où se place, au-dessus des lois et de la politi-

---

(1) Il n'y a pas de droit contre le droit. (Bossuet.)

(2) ....Non scripta, sed nata lex.... (Cic. *pro Milone* IV.)

......Huic legi nec abrogari fas est, neque derogari ex hâc
aliquid licet, neque tota abrogari potest ; nec verè aut per senatum
aut per populum solvi hâc lege possumus..... nec erit alia Romæ,
alia Athenis, etc.... (Cic. de *Repub.* III, 17.)

Ce fragment était connu à l'époque où écrivait J. Prugnon ; il est
du nombre de ceux conservés par Lactance (*Instit.* VI, 8.)

Au surplus, ces idées sont empruntées à l'antiquité grecque, à
Sophocle, à Aristote. M. Patin, *Etudes sur les Tragiques grecs.*
II, 264.

que, la vraie solution, les domine tous deux. On n'y trouve ni phrases de circonstance, ni précautions oratoires. Le ton habituel est plutôt celui d'une indignation contenue. L'ironie, qui reparait quelquefois, a pris des accents sérieux et des vêtements de deuil. Si l'on remarque quelques longueurs, ce n'est pas l'auteur qu'il en faut accuser : c'est la faute des temps, temps déplorables, en effet, où la sainteté du malheur, la loi morale et le droit des gens avaient besoin d'être défendus, où il fallait par cette nécessité même, en tâchant d'émouvoir les cœurs, chercher des explications pour toutes les intelligences, des raisons pour tous les jugements, peut-être même des prétextes pour les esprits faibles.

Un rapport favorable fut fait au Conseil des Anciens le 21 thermidor an VII, et le 4 fructidor, après sept jours de délibération, il rejeta la résolution.

Le Directoire en témoigna son mécontentement, mais déjà tout le monde pressentait sa chute, et peut-être, dans l'opinion publique, le poids d'une grande iniquité contribuait-il à faire pencher en ce sens la balance où se pesaient ses destinées et celles du Conseil des Cinq Cents. Le 18 brumaire n'était pas loin. Dans ce pays, si longtemps malade, si douloureusement agité, prompt aux excès, difficile aux réformes, toujours plus mobile que progressif, mieux disposé aux déplacements du pouvoir qu'aux luttes de la liberté, les symptômes d'une crise se manifestaient de plusieurs côtés. C'était l'un de ces temps marqués dans le calendrier des révolutions

où les esprits sont ouverts à toutes les rumeurs, pré-
parés à tous les événements, enclins à toutes les fai-
blesses.

Cependant la détention des naufragés durait depuis
quatre ans. De cinquante-trois ils étaient réduits à
trente-six; dix-sept avaient perdu la vie ou la raison.
Ils avaient obtenu d'être transférés au château de Ham.
L'ordre ne fut exécuté qu'après la chute du Directoire,
et de mauvaise grâce. En butte aux vexations subalter-
nes, en proie aux tristesses de l'isolement et aux angois-
ses de la faim (on oublia à l'arrivée de leur donner à
manger pendant trente-six heures !), les malheureux
furent réduits à regretter les casemates de Lille. Enfin
une lettre lancée de la plate-forme du château dans la
campagne parvient à la famille Choiseul. Le gouvernement consulaire est averti. La presse fait son devoir.
Des commissaires sont envoyés pour recevoir les plaintes
et les vérifier. La justice se fait, pour ainsi dire, en
même temps que la lumière. Huit jours après, conformément à la loi du 16 Thermidor an IV, un arrêté des
consuls ordonnait la déportation des naufragés hors du
territoire de la République et proclamait dans les motifs
qu'il est hors du droit des nations policées de profiter
de l'accident d'un naufrage pour livrer même au juste
courroux des lois des malheureux échappés aux
flots (1).

____

(1) C'est à cinq siècles d'intervalle la décision du Saint-Siége, con-

Vingt ans plus tard (et bien des réactions s'étaient faites dans l'intervalle) un homme dont l'autorité avait été hostile aux naufragés, proscrit à son tour et fugitif, était jeté par un naufrage sur les côtes de la Hollande; le gouvernement français dédaignant les conseils de la modération et les avertissements de l'expérience, demandait son extradition. « Non, répondit le roi Guillaume, la mer me l'a donné; je le garde. »

Quand une bouche royale fit entendre ces nobles paroles, le défenseur des naufragés de Calais était depuis longtemps oublié. Le grand jour n'avait pas eu de lendemain. Son œuvre était faite; sa force épuisée : ce rayon de gloire disparut. Vous dirai-je, Messieurs, usurpant encore cette citation tant de fois répétée parce-qu'elle est trop souvent l'histoire des succès humains, qu'il demeura enseveli dans son triomphe ? Non, il eut le malheur plus grand de survivre à sa réputation. On l'avait vu au jour du danger. On l'a cherché vainement

---

damnant à la restitution sous peine de censure ecclésiastique, des habitants de la Rochelle qui, selon le vieil et barbare usage, dont même actuellement on retrouverait peut-être des vestiges, avaient pillé le chargement d'un navire échoué à la côte : « Cùm igitur indignum » sit ut quos dextra salvatoris ne mergerentur erexit, vexationibus » aliquorum contrà justitiam deprimantur » (15 décembre 1283). Marchegay, le *Droit de Naufrage*. Revue des Provinces de l'Ouest. II, 510. V. aussi le fait historique cité dans le Mémoire de Prugnon, pages 131 et 132 et le curieux discours de Garat. Moniteur an VIII, page 1401.

après le combat. Il avait déserté sa victoire. La renom-
mée, dans son vol inégal et rapide à travers les événements n'a pas même ramassé son nom et cet homme
n'a été favorisé ni par l'opinion ni par la fortune. A
dater de cette époque et jusqu'à sa fin si éloignée encore, je n'ai rien appris de ses travaux. Deux biographies disent (1) qu'il continua de vivre à Paris, et qu'il
était fréquemment consulté. Nulle trace de lui ne sub-
siste au barreau de Paris. En 1816, il fut nommé Maître
des requêtes en service extraordinaire. Il conserva longtemps ce titre, et le 18 octobre 1828, il mourait à Nancy,
pauvre et obscur, dans sa 84ᵉ année. Ses facultés intel-
lectuelles étaient depuis longtemps affaiblies. M. de Luxer
présenté par lui au serment d'avocat, quarante-deux
ans auparavant, et M. Bresson signèrent l'acte de décès.
Aucun souvenir n'est resté de sa personne dans les deux
familles. Il avait eu ses moments d'éclat; il avait fait
ses preuves d'éloquence et de fermeté; mais on doit
s'arrêter au seuil de la vie privée, et de même que Châ-
teaubriand écrivant l'histoire de l'abbé de Rancé et

---

(1) *Michel*. Biographie lorraine. *Biographie des Contemporains,*
par MM. Arnault, de Jouy, etc., tome 17. *Annales du Barreau
français* (Barreau moderne I).

Nos grandes biographies ne l'ont pas mentionné. Je dois à l'obligeance de M. Beaupré un extrait d'un *Dictionnaire des hommes
marquants de la fin du XVIII⁰ siècle,* imprimé à Tours en 1800,
qui parle seulement de travaux législatifs de J. Prugnon, et leur
accorde de grands éloges.

racontant ses œuvres disait : « il manque à ces fleurs le
« souffle du printemps (1) » on pourrait dire ici, qu'à
ces fruits il a manqué la majesté de l'automne, la saison
sérieuse et féconde. Les débuts de J. Prugnon avaient
été laborieux et utiles ; son été fut brillant : défenseur
habile des intérêts de la province, orateur écouté et
influent à l'Assemblée nationale, oublié ensuite durant
plusieurs années, il reparut pour se constituer, dans une
épreuve solennelle, l'avocat du malheur et l'apôtre du droit
des gens. Il a rendu au pays un immense service. Il a
enrichi d'une belle action de plus le fonds commun « le
trésor de l'humanité (2) ». A quoi servirait-il de recher-
cher péniblement, dans l'obscurité des années suivantes,
la part de l'homme et la part des circonstances ? J. Prugnon, pour avoir quitté prématurément la vie active et
la scène du monde, n'en doit pas moins garder sa place
parmi les célébrités lorraines. J'ai cherché, Messieurs,
à ranimer cette mémoire presque éteinte, rattachée
cependant, avec des intervalles et par les plus beaux
côtés, à tant de noms honorables, à tant de faits qui,
de leur hauteur même, dominant toute illustration indi-
viduelle, l'absorbent dans leur propre importance et
dans leur brillant éclat. Au milieu d'une révolution,
tout homme est secondaire, et il est bien difficile de

----

(1) *Vie de Rancé*, liv. III. (p. 215, édition Lavocat.)
(2) L'expression est d'Ampère.

dégager de l'histoire du temps une simple notice. L'effet général nuit à l'exactitude des détails, de même qu'il en diminue l'intérêt. La fumée du combat, comme les nuages d'un ciel orageux, jette souvent une lumière fausse sur les objets, et les difficultés de notre modeste entreprise naissaient de la grandeur même des événements. Il me reste à souhaiter que cette grandeur n'ait pas trop affaibli et décoloré l'œuvre du biographe.

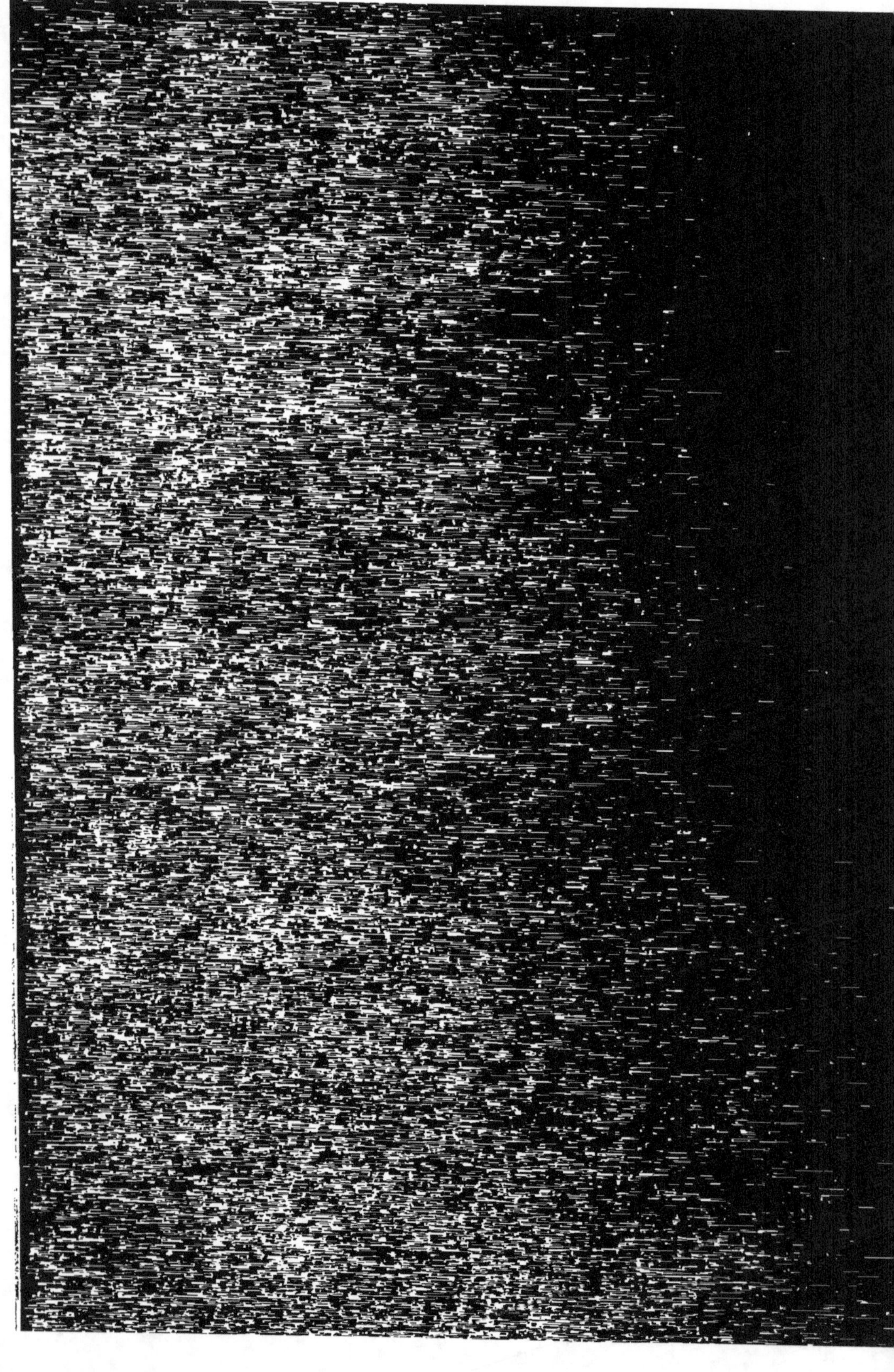